野の花の
贈りもの

花村みほ［文］　おちあいまちこ［写真］

Forest Books

この花のように
ありのままに
しずかに
生きていけますように

おはようございます
新しい朝を
ありがとうございます
今日一日
大切な一人ひとりと
出会う方々を
祝福してください

人生に
いただく
すべてのことを
ほほえみながら
感謝して
受けとることが
できますように

あなたに会うと
ほっとする

そんな人に
なりたい

光のように
風のように
野の花のように
生きていきたい

心の傷口から
涙が流れます

この悲しみを
どうか変えてください
やさしさや
希望や
愛に

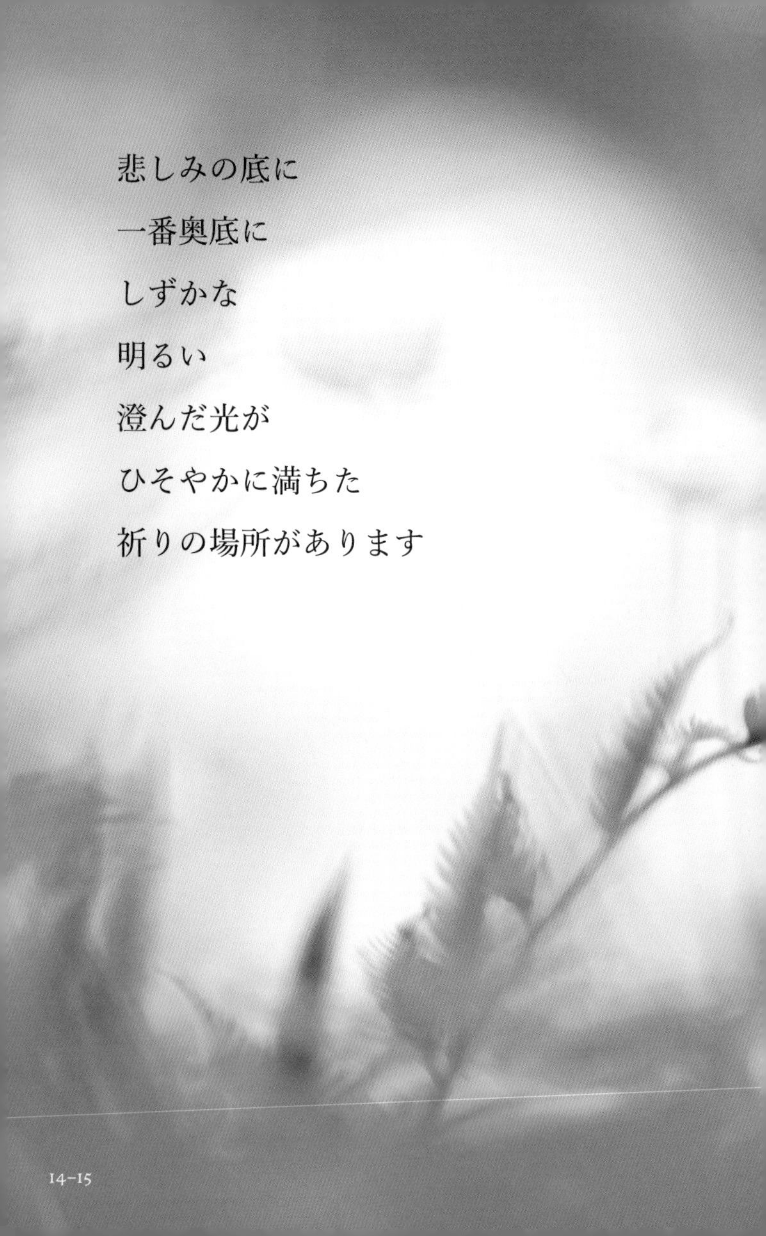

悲しみの底に
一番奥底に
しずかな
明るい
澄んだ光が
ひそやかに満ちた
祈りの場所があります

声が聞こえますか
あなたを呼ぶ声が

この世界のどこかに
きっとあるはず
あなたを待つ場所が

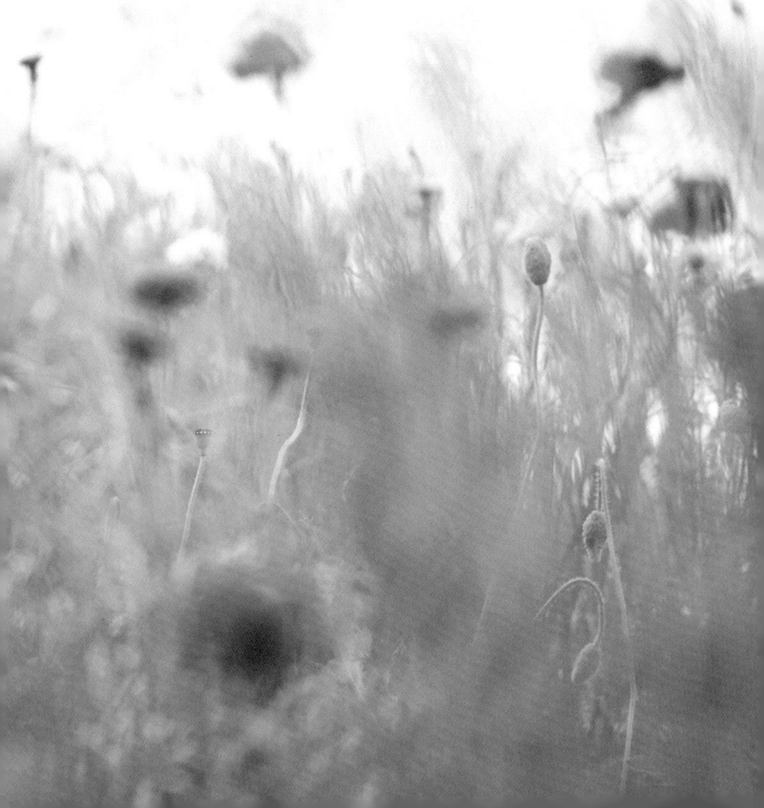

小さな種が芽を出し
茎が伸び、葉を広げ、やがて
花が咲き、実を結ぶように
私も
まわりの人たちも
慈しみ深い大いなる存在によって
育てられ、導かれています

そのお方を信頼し
人生を委ねて
時が満ちるのを
ゆったりと待つ者と
ならせてください

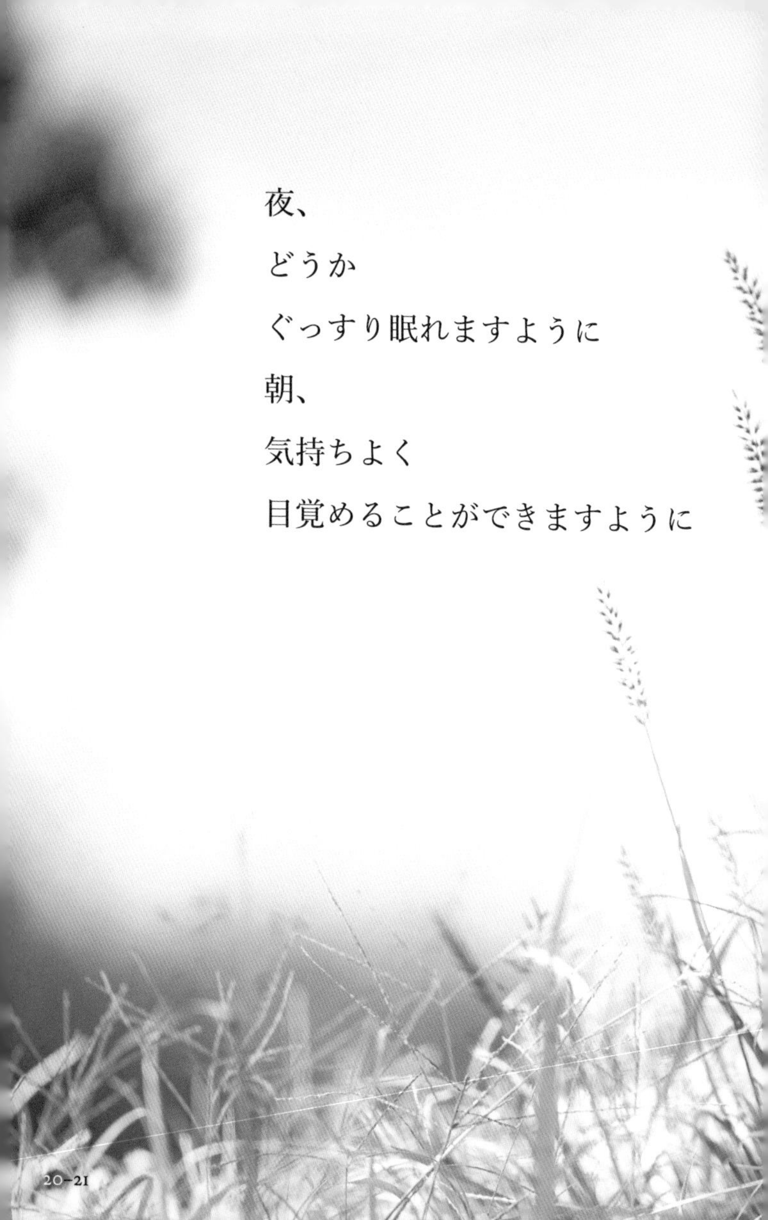

夜、
どうか
ぐっすり眠れますように
朝、
気持ちよく
目覚めることができますように

悲しいことも
つらいことも
意味があったと思える日が
いつかきっと来ますように

いつか
顔を上げて
歩き出す日が来ますように

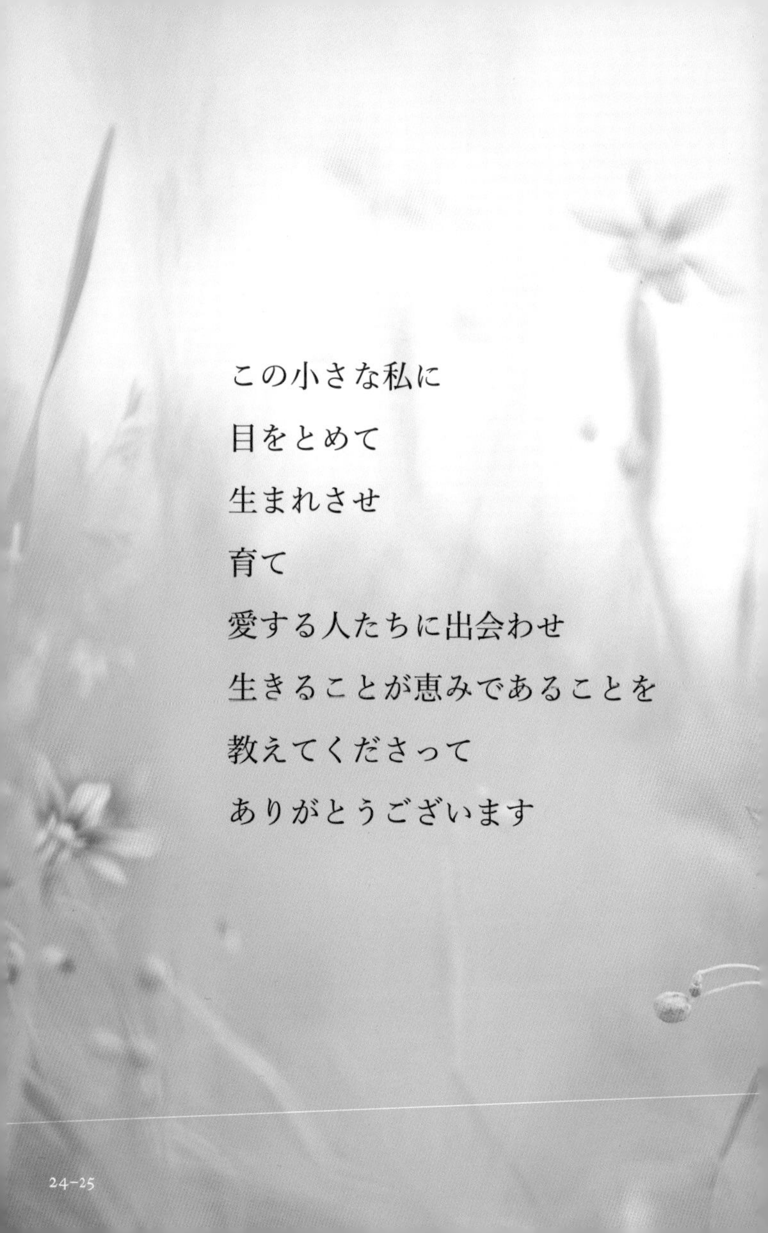

この小さな私に
目をとめて
生まれさせ
育て
愛する人たちに出会わせ
生きることが恵みであることを
教えてくださって
ありがとうございます

いつか
天の国で
大切な人たちと
再会できますように

世界中のみんなが
こころ安らかに
生きていけますように

こどもたちが
みんな笑顔に
なれますように

あとがき

道ばたや田んぼの畦道に咲く野の花に心惹かれます。可憐に一心に咲いている草花たちから、“飾らずにありのままに生きていけばいいんだよ”という静かな声が聞こえてくるような気がします。

悲しみの中にある方、
痛みを負っている方、
疲れてひと休みしている方、
そんな方々の足元にも、小さな花が咲いていて、ちょっぴりでも心がやすらぎ、あたたかくなりますように。

おちあいまちこさんに声をかけて頂いてこの本は生まれました。心より感謝します。
また、この本を手にしてくださったお一人お一人に感謝いたします。

どうか、あなたの心に小さな光が灯って、今日をほっとして生きることができますように。

祈りをこめて

2019年　夏　　花村みほ

朝6時をまわったばかりだというのに、外は強い日射し、蝉たちの合唱が聞こえます。
長いながい梅雨のあとに猛暑がやってきました。この厳しい暑さを知らない私は、病室のベッドの上でこの原稿を書いています。

私は今、怪我をすることがなければ知り得なかった身体の痛みと、心のキズとたたかっています。

左手が不自由になりました。
片手だけでできることは、ほんのわずかです。でも、あれができる。これができた。“できる”をかぞえると、“できない”にまさるような気がしてきます。

できることすべてはあたり前ではなく恵みなのだ、とこの一部壊れた身をもって知りました。

この小さな祈りの本が、あなたと、あなたの大切な方へ、命をもって届きますようにと願っています。

おちあい　まちこ

花の名前

野《の》の花《はな》の贈《おく》りもの

2019年10月10日　発行
2022年10月20日　再刷

写真……おちあい まちこ
文……花村みほ

ブックデザイン……桂川 潤
印刷・製本……株式会社サンニチ印刷
発行……いのちのことば社

164–0001 東京都中野区中野2–1–5
Tel. 03–5341–6922（編集）
Tel. 03–5341–6920（営業）
Fax. 03–5341–6921
e-mail：support@wlpm.or.jp
http://www.wlpm.or.jp/

Printed in Japan
落丁・乱丁はお取り替えいたします。
ISBN 978-4-264-04307-2